LOUIS DE LA PIVARDIERE Écuier Sr. du Bouchet. Cy deuant Lieutenant de Dragons au Regiment de Ste. Hermine; Designé sur le Naturel.

FACTUM.

P O U R Louis de la Pivardiere Ecuyer Sieur du Bouchet, Demandeur, tant en son nom que comme prenant le fait & cause de Marguerite Françoise Chauvelin sa femme.

C O N T R E *Monsieur le Procureur General, Appellant, des Procedures faites par la Dame de la Pivardiere, pardevant le Lieutenant General de Romorantin,*

E T C O N T R E *Maître Pierre Bonnet Lieutenant Particulier au Siege de Châtillon, & Maître François Morin Substitut de Monsieur le Procureur General au même Siege, Défendeurs, Intimez & pris à partie.*

N veut venger la mort du sieur de la Pivardiere. On veut faire punir sa femme comme coupable. On accable actuellement sous le poids des fers, un Prêtre, un Religieux, comme complice de l'assassinat.

Ce même de la Pivardiere est vivant. Il est reconnu par toute sa famille. Il est reconnu par toute sa Province. Nulles preuves de sa mort. Preuves completes de son exi-

A

ſtence. Il intervient pour prendre le fait & cauſe de ſa femme. Y euſt-il jamais d'intervention plus favorable & plus legitime ? Y euſt-il jamais d'accuſation plus temeraire & plus calomnieuſe ?

Un Juge ſeul pourſuit la mort imaginaire du ſieur de la Pivardiere comme un crime réel & veritable : parce qu'il trouve dans cette mort un prétexte ſpecieux pour ſatisfaire ſa haine & ſa vengeance contre le Prieur de Mizeré.

Ce Juge ſeul oſe attaquer le témoignage de plus de quatre cens perſonnes : parce que ce témoignage l'accuſe luy-même & le convainc d'erreur & de calomnie.

Il fait aux prétendus aſſaſſins un crime de la mort du ſieur de la Pivardiere : il fait au même de la Pivardiere un crime de ſa vie. Sous l'idée d'un homme mort il veut le venger. Sous l'idée d'un homme vivant il veut le punir.

Tel eſt le zele bizarre de ce Juge paſſionné, qui cependant n'eſt plus un ſujet d'étonnement. S'il a pû ſans la moindre preuve, ſans la moindre préſomption traiter des innocens comme coupables, pourquoi le ſieur de la Pivardiere attendroit-il de luy quelque diſtinction ?

Quand une fois on eſt aveuglé par la paſſion, n'eſt-on pas dans la volonté, & dans la neceſſité malheureuſe de tout confondre ? Reconnoître & avoüer ſon erreur dans cet état, ne ſeroit-ce pas le plus rare de tout les miracles ? On ne les attend pas de la verité ſeule, elle eſt preſque toujours impuiſſante dans l'eſprit des calomniateurs. Mais ſoutenuë de l'autorité des Magiſtrats, & de ces jugemens que la Juſtice avoüe pour ſes veritables Oracles : elle ne trouve rien qu'elle ne ſurmonte & dont elle ne puiſſe triompher avec éclat.

La ſeule queſtion ſur laquelle il s'agit de prononcer par rapport au ſieur de la Pivardiere eſt de ſçavoir s'il eſt en droit d'intervenir pour prendre le fait & cauſe de ſa femme en qualité de mary.

Avant que d'établir ſes moïens il faut expliquer tres-ſuccinctement les principales circonſtances du fait qui ſervent à faire voir qu'il eſt en pleine & paiſible poſſeſſion de ſon état.

FAIT.

Loüis de la Pivardiere fieur du Bouchet, eft un Gentil-homme d'une nobleffe tres-ancienne , mais d'une fortune tres-mediocre.

La fucceffion de fon pere partagée entre trois freres, dont il étoit le cadet, luy donnoit à peine dequoy fubfifter avec honneur dans la Province.

En 1687. il époufa Marguerite Françoife Chauvelin. Elle étoit veuve de Charles de Menou fieur de Billy. Elle avoit cinq enfans de ce premier mariage. Tout fon bien confiftoit dans la Terre de Nerbonne, dont le revenu eft de huit à neuf cens livres.

En 1689. l'Arriereban étant convoqué, le fieur de la Pivardiere fut obligé d'y fervir comme Seigneur de Nerbonne, & a toujours comparu à Blois. *Ce qui prouve que Nerbonne eft dans le Reffort de Blois , & non pas dans le Reffort de Châtillon.*

Il obtint en 1692. une Lieutenance dans le Regiment de faint Hermines, en 1695. il quitta le fervice ; & n'ofant pas revenir dans fa Province à caufe des Creanciers à qui il avoit fait fignifier des Lettres d'Etat, il demeura à Auxerre.

Pour vivre , il fe vit dans la neceffité d'avoir recours à la profeffion d'Huiffier, profeffion fort audeffous d'un Gentilhomme. Il prit la charge d'un nommé Pillard , la veuve la luy donna à credit, dans l'efperance qu'il épouferoit fa fille ; & en effet il l'époufa fous le nom de Loüis du Bouchet.

Telle eft la caufe , telle eft l'origine de fes malheurs, & de ceux de fa famille. Il en rougit, il s'en repent, il en fouffre, il voit fon crime revelé, il fe voit dans la neceffité de l'avoüer, puis qu'il le voit expofé dans le plus redoutable Tribunal de la Juftice.

S'il fuit aujourd'huy, s'il ne fe prefente pas en perfonne, la caufe de fa fuite eft connuë, tout homme fuiroit s'il étoit en fa place. On ne doit donc pas trouver extraordinaire s'il agit par Procureur & s'il demande un faufconduit pour fe reprefenter avec fûreté.

A ij

En 1697. le 15. Aouft jour de l'Affomption il revint à Nerbonne. La Chapelle du Château eft dediée à la Vierge. Le Prieur de Mizeré en eft le Chapelain. Il y avoit celebré l'Office folemnellement. Les Dames & les Gentilshommes circonvoifins avoient affifté à cet Office, ils furent retenus avec le Prieur de Mizeré par la Dame de la Pivardiere pour fouper chez elle.

Le repas étoit commencé lors que le fieur de la Pivardie-re arriva, il falua toute la compagnie, il embraffa fa femme, il fe mit à table à côté du Prieur de Mizeré. C'étoit un de fes plus anciens amis, fa connoiffance ne lui pouvoit faire qu'honneur. Ce Prieur s'appelle Charoft, il eft d'une des meilleures familles de la Province, fon application à fes devoirs, fa regularité, fon érudition l'ont toujours diftingué dans fon Ordre, & luy ont merité d'ê-tre choifi pour Prieur Conventuel de fa Maifon. Tel eft l'au-teur ou du moins le complice de cet affaffinat qu'on dit avoir été commis en la perfonne du fieur de la Pivardiere.

Sur les dix heures & demie, le repas étant fini chacun fe fépara. Le fieur de la Pivardiere fe trouva feul avec fa fem-me, elle luy fit des reproches fur fa conduite, elle lui dit qu'elle fçavoit les raifons particulieres qui l'obligeoient à ne pas demeurer à Nerbonne; après quelques difcours elle fe retira dans la Chambre de fes enfans, où elle fe cou-cha.

On prétend qu'elle fe jetta feulement fur le lit, qu'elle defcendit une demie heure après, fe faifant éclairer par fes deux fervantes, qu'elle trouva étant defcenduë, le va-let & le cuifinier du Prieur de Mizeré, aufquels elle don-na ordre auffi-tôt d'affaffiner fon mari, ce qui fut prompte-ment executé. La Dame de la Pivardiere avec une des deux fervantes & les deux affaffins entrerent dans la cham-bre où étoit couché le fieur de la Pivardiere; un des af-faffins avança vers le lit pour voir s'il dormoit, il leva le rideau, il découvrit le corps, il prit un efcabeau, il le porta à la ruelle du lit, il monta deffus & tira le fieur de la Pivardiere: le coup porta dans le côté droit, il fe jetta hors de fon lit demandant la vie, & difant: *petite femme prenez mon or & mon argent.* On se jetta sur luy, on luy donna quatre coups de sabre dans le côté gauche, & la Dame de la Pivardiere voyant qu'il remüoit encore lui donna le dernier coup. Le corps fut enlevé & mis dans un lieu qu'on ne peut nommer, parce qu'on ne peut le trouver. Voila quelle est l'histoire de ce faux assassinat, dépoüillée de tous les faits qui prouvent l'absurdité & la fausseté des dépositions. Elle est exposée dans le jour le plus favorable : mais ce qu'il faut observer est, que tous les faits, jusqu'à present, sont sans aucune preuve, les deux servantes qui en ont déposé, s'étant retractées lors de la confrontation.

Pour revenir à la verité dont on s'est écarté, les reproches qu'avoit fait la Dame de la Pivardiere à son mari furent cause de son départ, il ne pouvoit justifier sa conduite. Le seul parti qu'il crut devoir prendre fut de retourner à Auxerre. A la pointe du jour il sortit de Nerbonne, il prit seulement son fuzil & emmena son chien, il laissa son Cheval à l'Ecurie : ce Cheval étoit boiteux, il avoit eu la peine de le traîner par la bride le jour qu'il arriva à Nerbonne ; il laissa son manteau, parce qu'il en auroit été incommodé, étant obligé de marcher à pied & de porter un fuzil.

Prouvé par l'information.

Il passa par le Bourdieux le 16. il logea le 17. à Chasteauroux, dans l'Hôtellerie des trois Marchands. Le 18. il coucha à l'Hôtellerie de la Cloche à Issoudun, & continua ainsi sa route jusqu'à Auxerre.

Prouvé par des Procés-verbaux & des Certificats.

Quelques jours aprés son départ, on fit courre le bruit qu'il avoit été assassiné dans le Chasteau de Nerbonne.

Ce bruit n'avoit pour fondement que le Cheval & le manteau du sieur de la Pivardiere trouvez à Nerbonne, & que la Dame de la Pivardiere montroit publiquement sans en faire le moindre mystere.

M. Bonnet Lieutenant Particulier de Chastillon, fut le premier qui se persuada que le sieur de la Pivardiere avoit été assassiné. Ce Juge est ennemi depuis long temps de la famille des Charosts, qui est celle du Prieur de Mizeré ; il crut que l'occasion étoit favorable pour se

venger. Prévenu par la haine & l'inimitié qu'il avoit contre le Prieur, il le regarda comme devant être complice de
ce meurtre. Ce Prieur étoit en quelque liaison avec la Dame de la Pivardiere ; il étoit Chapelain de Nerbonne, en
cette qualité il étoit obligé de venir souvent au Château
pour y celebrer les Messes de Fondation. On luy fait un
crime de son exactitude dans les fonctions du Sacerdoce.
Dans le temps qu'il ne songe qu'à immoler sur l'Autel l'A-
gneau sans tache, on luy met dans le cœur le crime le plus
noir & le plus horrible. C'est ainsi que la calomnie trouve
dans ce qui est de plus saint & de plus innocent, la
pierre même de scandale dont elle ose attaquer l'innocence.

M^e. Bonnet prévenu de la verité de l'assassinat, parce
qu'il étoit prévenu par sa passion, crut qu'il étoit de son
devoir d'en poursuivre la vengeance. Il se sent animé d'un
zele pour la Justice & pour la seureté publique, qu'il n'avoit
pas senti jusqu'alors, peines, soins, mouvemens, discours,
procedures, rien ne luy coute ; il se sçait bon gré de prévenir le Juge de Lucé ; Juge naturel du délit. Il se fait rendre
plainte par M^e. Morin Substitut de Monsieur le Procureur
General au Siege de Chastillon. Aussi-tôt la plainte renduë, il informa, il decreta contre la Dame de la Pivardiere,
il fit saisir, enlever & vendre les meubles le même jour, &
exposa le Château au pillage ; tout cela par le pur zele de
la Justice.

Huit jours aprés cette expedition, quarante deux jours
aprés l'assassinat, il fit reflexion qu'il n'avoit point fait de Procés verbal, pour justifier qu'il y avoit du sang dans la chambre du sieur de la Pivardiere ; la circonstance étoit importante. Il fait faire ce Procés verbal, où l'on énonce qu'on y
a trouvé du sang ; on voit que c'est du sang répandu à dessein,
on n'auroit pas obmis d'en faire mention dans le Procés verbal de la saisie & de l'enlevement des meubles, fait huit jours
devant.

On decrete contre les deux servantes, on les menace,
on les intimide, on les force de déposer des faits de l'assassinat ; c'est M^e. Bonnet luy-même qui agit, son

zele ne peut plus se contenir dans ses veritables bornes : la crainte qu'un meurtre si cruel demeure impuni fait qu'il s'occupe tout entier à trouver les preuves necessaires pour pouvoir condamner : qu'elles soient fausses ou veritables, ce n'est pas là ce qui l'occupe, tout ce qu'il craint est la necessité d'absoudre, si c'est par inimitié contre les accusez ou par un esprit de severité. C'est ce qu'on laisse aux reflexions de ceux qui voudront examiner sa conduite.

Chacun, sur le témoignage de ce Juge, sur les bruits qu'il avoit fait répandre, se prévint de la verité de l'assassinat.

Il n'y avoit que ceux qui avoient veu passer le sieur de la Pivardiere au Bourdieux, à Chasteauroux, à Issoudun, après le prétendu assassinat qui étoient convaincus du contraire, & tous étonnez de voir qu'on crût le sieur de la Pivardiere assassiné le 16. lorsqu'ils étoient certains de l'avoir vû, d'avoir bû & mangé avec luy, de l'avoir logé le 17. le 18. & le 19. ils publierent par tout qu'ils l'avoient vû passer, ils en donnerent des Certificats en bonne forme.

C'est ce qui donna occasion de suivre, pour ainsi dire, à la piste le sieur de la Pivardiere dans toute sa route, & on trouva qu'il y avoit apparence qu'il avoit passé par Auxerre.

On entre dans cette Ville, on est surpris de sçavoir qu'il y demeuroit depuis deux ans, qu'il y étoit marié à la nommée Pillard : qu'il y faisoit les fonctions d'Huissier sous le nom de Louis du Bouchet, il avoit supprimé le nom de la Pivardiere pour ne le pas déshonorer par des fonctions si viles que celles d'Huissier, ou pour empêcher qu'on ne découvrît facilement qui il pouvoit être.

Le sieur de la Pivardiere apprend que des personnes de la part de sa femme le cherchent dans Auxerre, il prend la fuite, on le poursuit jusqu'à Flavigny, on le joint, on luy parle on le reconnoît pour celuy qu'on cherche. On luy apprend que sa femme est accusée de l'avoir fait assassiner, & que les Officiers de Châtillon poursuivent l'instruction du Procès.

Il commence par donner un acte de son éxistence passé

devant deux Notaires , légalisé , figné de fa propre main :
il écrit à fa femme , il écrit à fon frere : on luy mande
que fa préfence eft neceffaire à Nerbonne , il vient luy-
même, il trouve le Château de Nerbonne hors d'état d'ê-
tre habité ; on avoit enlevé tous les meubles, on avoit
volé jufqu'ax plombs de la couverture, arraché les ferru-
res, emporté les portes, les chaffis, il voit toute cette dé-
folation , fans fçavoir encore contre qui fe plaindre , il
eft obligé de fe retirer dans la maifon de fon frere : quel
chagrin ! quelle affliction pour un homme de voir toute
fa famille dans le trouble & dans l'agitation ! & de fçavoir que toute cette perfecution n'a point d'autre fondement
que la vengence de fa mort.

Le Sieur de la Pivardiere apprend que le Lieutenant General de Romorantin eft commis par Arreft pour informer de
la calomnie.

<table>
<tr><td>L'Acte de Prefenta-tion eft du 13. Janvier 1698.</td><td>Il fe reprefente devant luy & demande qu'il foit proce-
dé à fa reconnoiffance dans tous les lieux circonvoifins de
Nerbonne.</td></tr>
</table>

On fe tranfporte à Lucé, il eft reconnu par le Curé
de Lucé, par douze Habitans, par les Officiers de la
Juftice de Lucé. Ils font les Juges naturels du prétendu délit, & ils ont ceffé toutes leurs pourfuites depuis
cette reprefentation. Nerbonne eft de la Paroiffe du
Bourg de Jeumaloches on s'y tranfporta, c'étoit le jour
de faint Antoine fefte du Patron de la Paroiffe ; Le fieur
de la Pivardiere entra dans l'Eglife, Vefpres étant com-
mencées, il s'éleva tout à coup une fi grande rumeur
que Vefpres furent interrompuës ; chacun courut à luy
pour voir s'il fe trompoit, un fpectre , un phantôme
n'eut pas caufé plus d'allarme, plus de furprife & plus d'é-
tonnement, ils étoient prévenus de fa mort, cette prévention fut diffipée dans le moment. Perfonne des Affi-
ftans ne balança un feul inftant à reconnoître le fieur de
la Pivardiere, & à l'iffuë de Vefpres après avoir prêté fer-
ment devant le Lieutenant criminel de Romorantin, ils
le reconnurent tous au nombre de plus de deux cens témoins : entre ces témoins il y a des perfonnes de confi-
deration

deration dans la Province, il y a des Ecclefiaftiques ; & entre autres le Curé de cette Paroiffe, dont le témoignage eft d'autant moins fufpect qu'il avoit intereft à ne pas reconnoître le fieur de la Pivardiere.

Ce Curé avoit jetté un Dévolut fur le Benefice du Pr. de Mizeré & le fondement du Dévolut étoit le prétendu affaffinat du S. de la Pivardiere.

Dans le même Procés verbal il eft reconnu par Marguerite de la Pivardiere fa fille. Si on lui a fait dire qu'elle a vû du fang dans la chambre de fon pere, elle eft prête de declarer qu'elle ne fçait ce que c'eft que le fang, que le coup de fuzil, que la voix qui fe plaignoit, dont on prétend qu'elle a dépofé, c'eft un enfant de neuf ans, qui ne fçait pas écrire, à qui on attribuë telle dépofition que l'on veut, elle a vû fon pere, elle l'a reconnu, elle le foutiendra toujours, il faut donc retrancher toute fa prétenduë dépofition. A Mizeré le fieur de la Pivardiere fut reconnu par des Gentilshommes, par des Prêtres, par des Religieux, par une Nourrice qui avoit élevé fes enfans.

Me. Bonnet partie adverfe l'a reconnu comme malgré lui. Ce Juge s'étoit tranfporté d'office aux Etangs de Nerbonne pour y faire la perquifition du Cadavre. Auffitôt que le fieur de la Pivardiere le fçeut il alla fe préfenter en perfonne à ce Juge, il lui dit qu'il pouvoit s'épargner la peine de chercher dans le fonds de cet Etang celui qu'il pouvoit trouver fur le bord.

La voix & le vifage du fieur de la Pivardiere que Me. Bonnet reconnut, lui caufa une telle fraïeur que fans rien répondre il courut à fon Cheval & prit auffi-tôt la fuite.

On dit que cela s'eft fait aux yeux d'une infinité deperfonnes qui s'y étoient trouvez pour en être les fpectateurs & qu'ils offrent d'en dépofer.

Il eft vray que depuis il s'eft excufé de cette fuite fur ce qu'il avoit crû voir l'ombre & le fpectre du fieur de la Pivardiere.

Mais pourquoy s'épouvanter de cette ombre ? Il falloit refifter à ce premier mouvement, & tenir ferme contre la crainte. Cette ombre ne fe prefentoit que pour demander vengeance & pour apprendre où étoit le corps qu'on cherchoit. Un tel prodige devoit furprendre & non pas effrayer, il ne fe faifoit aux yeux du public que pour juftifier la conduite du Juge, au lieu de fuir, il faloit fur l'heure même en dreffer fon Procés verbal. L'ombre du fieur de la

Pivardiere trouvée fur le bord d'un Etang auroit été une preuve bien convainquante de fa mort.

Cependant M. Bonnet apprehende tellement cette ombre, qu'il apprehende qu'elle ne fe tranfporte à fes prifons, qu'elle ne féduife les deux fervantes & qu'elles ne prennent cette prétenduë ombre pour le corps vivant du fieur de la Pivardiere.

En effet il prévient les fervantes, il leur défend de reconnoître celui qui fe préfentera pour le fieur de la Pivardiere, & prend même la précaution de faire tenir les prifons fermées, avec ordre de n'y laiffer entrer perfonne. On fut obligé d'avoir main-forte pour y pouvoir entrer, le fieur de la Pivardiere fut reprefenté & défavoüé par les deux fervantes, une des deux a depuis reconnu à la confrontation que c'étoit le fieur de la Pivardiere qui s'étoit reprefenté & qu'on lui avoit défendu de le reconnoître.

Le fieur de la Pivardiere fe fit enfuite reconnoître par les perfonnes qui s'étoient trouvez au repas le jour qu'il arriva à Nerbonne.

Enfin il fe tranfporta dans le Convent des Urfelines de Valencé, il fut reconnu par fes deux fœurs Religieufes, par la Superieure du Convent & par une infinité d'autres Religieufes.

Toute fa famille entiere l'a reconnu, plus de cinq cent témoins offrent encore de le reconnoître, il a demeuré avec eux pendant plus de trois femaines, font-ce là les démarches d'un impofteur & les preuves qu'on rapporte peuvent-elles jamais faire préfumer l'impofture?

Toutes les reconnoiffances differentes font faites par autant de Procés verbaux dans lefquels il a figné : lui-même en demande la vérification quoi qu'elle ne foit pas neceffaire dés le moment que les Parties adverfes n'ofent pas former l'infcription de faux, qui cependant eft abfolument neceffaire pour y donner atteinte.

Outre la preuve d'exiftence qui réfulte des Procés verbaux, il y en a encore une qui réfulte de l'information faite à fa Requête fur la plainte par luy renduë de la calomnie faite à fa femme.

Marginalia: Prouvé par la confrontation de Carherine le Moine. La réfiftance à ouvrir les prifons, prouvée par les Procés verbaux fignez par Me. Bonnet & Me. Morin.

On a arrêté tout le cours de ces preuves par un Arreſt de la Cour rendu ſur la Requiſition de Monſieur le Procureur General, par lequel il eſt fait défenſes au Lieutenant General de Romorantin de paſſer outre, & aux Parties de faire aucunes pourſuites ailleurs qu'en la Cour.

Monſieur le Procureur General a interjetté appel des procedures faites devant le Lieutenant General de Romorantin en tant que faites par la Dame de la Pivardiere.

Le ſieur de la Pivardiere n'a point été intimé ſur cet appel, il n'y défend que comme prenant le fait & cauſe de ſa femme.

Il s'agit aujourd'uy de prononcer ſur cet appel, ſur les informations & priſes à parties, ſur une demande afin d'intervention, & ſur deux demandes ſubſidiaires l'une du ſauf-conduit, & l'autre de la verification.

Moïens d'intervention du ſieur de la Pivardiere.

Tout intereſt legitime dans une conteſtation, eſt un moïen tres-ſolide pour intervenir : le ſieur de la Pivardiere eſt-il intereſſé ? La qualité de l'accuſation prouve ſon intereſt. On accuſe ſa femme de l'avoir aſſaſſiné, ſi l'on juge que l'aſſaſſinat eſt véritable, on juge que la mort du ſieur de la Pivardiere eſt veritable, ainſi en prononçant ſur l'accuſation, ou juge qu'il eſt mort ou vivant. Peut-on concevoir un intereſt plus ſenſible ? y eut-il j'amais queſtion d'Etat plus importante & plus ſinguliere ?

Mais quand ſon intereſt perſonnel ne s'y trouveroit pas engagé n'y auroit-il pas une cruauté ſans exemple s'il demeuroit dans le ſilence ? s'il ne ſe preſentoit à la face de la Juſtice pour défendre l'innocence de ſa femme. La preuve de ſa vie n'eſt-elle pas la preuve la plus ſolide qu'il n'a pas été aſſaſſiné, la priveroit-il du ſecours le plus fort & le plus naturel qu'elle puiſſe attendre ? Voudroit-on que dans une confiance temeraire, dans une tranquillité criminelle il attendit l'evenementd'une accuſation & qu'il laiſſât une femme innocente exposée aux rigueurs des pourfuites? ne fçait-il pas que deux témoins peuvent confondre l'innocence, & que fon exiftence feule peut confondre mille témoins.

Ainfi dés le moment que celui qui intervient, prouve qu'il eft le veritable de la Pivardiere, qu'il eft celui dont on veut venger l'affaffinat; peut-on s'empêcher de faire droit fur fon intervention?

Or il prouve fon exiftence en deux manieres differentes.

La 1. en tirant avantage du défaut des preuves de fa mort, d'où il fuit qu'il eft préfumé vivant, la préfomption eft de droit.

La 2. en rapportant des preuves legitimes de fon exiftence qui feules prouvent la fauffeté des dépofitions.

Les moïens d'intervention du fieur de la Pivardiere dépendent donc de l'établiffement de deux propofitions.

La 1. qu'il n'y a point de preuve de fa mort.

La 2. qu'il y a des preuves certaines & convainquantes de fa vie.

I. PROPOSITION.

Il n'y a point de Preuves que le fieur de la Pivardiere ait été affaffiné.

Le témoignage d'Hibert ne parle point qu'il ait caffé la porte de la Planchette pour fecourir la Pivardiere, ce n'eft qu'un témoin qui dépofe l'avoir entendu dire.

Toute la preuve de l'affaffinat fe réduit uniquement à la dépofition de deux fervantes; les autres témoins ne parlent que fur le rapport d'autruy, au lieu qu'on prétend que les fervantes font témoins oculaires de ce prétendu affaffinat.

On ne peut ajouter foy à leurs dépofitions par quatre raifons décifives.

La 1. parce qu'elles varient dans leurs interrogatoires.

La 2. elles fe contredifent fur les faits effentiels.

La 3. leurs dépofitions font abfurdes & prouvent l'impoffibilité dans l'execution.

La 4. enfin eft, qu'elles fe font retractées à la confrontation, ce qui fuffit pour détruire & pour anneantir toutes leurs dépofitions.

Variation dans les Dépositions.

Catherine le Moine est celle qui a le plus varié dans un 1. interrogatoire elle dépose, *qu'elle ne sçait ce qu'est devenu le Chien du sieur de la Pivardiere.* — Art. 4.

Dans le 3. interrogatoire elle dépose, *qu'à l'égard du Chien il fut tué par les deux Valets du Prieur de Mizeré & jettez dans les fossez par les fenêtres de la chambre.* — Art. 4.

Dans deux interrogatoires elle déclare, *qu'elle n'a point entendu tirer le coup de fuzil, qu'elle, ny sa compagne n'ont point vû l'assassinat, que la Dame de la Pivardiere les enferma sous la clef, qu'elle dormit toute la nuit.* Dans d'autres interrogatoires elle dépose, *qu'elle décendit avec la Dame de la Pivardiere, qu'elle vit donner le dernier coup, & qu'elle entendit tirer un coup d'arme à feu.* Il y en a une infinité d'autres qu'il seroit trop-long de rapporter. — Art. 10. 1. interrog. Art. 11. 1. interrog. Art. 9. 2. interrog. Art. 5. 3. interrog.

Marguerite Mercier a varié pareillement sur des circonstances tres-considerables, elle a soutenu que le Prieur de Mizeré avoit donné le dernier coup, & dans tous ses interrogatoires elle a déclaré qu'il n'y étoit pas present. On peut juger par une variation de cette conséquence, s'il y a de la seureté à croire ses dépositions.

Il faut examiner le peu de rapport qu'il y a entre les dépositions de l'une & de l'autre des servantes.

Contrarietez entre les Dépositions de Catherine le Moine, & les Dépositions de Marguerite Mercier.

Catherine le Moine dépose que le Prieur de Mizeré ne se retira qu'avec toute la compagnie le jour que le sieur de la Pivardiere arriva.

Marguerite Mercier a soutenu, que le Prieur de Mizeré voïant entrer le sieur de la Pivardiere se retira promptement par la porte de la cave.

L'une dépose que les deux assassins entrerent par la porte de la chambre, l'autre dit qu'un des deux entra par la fenêtre qui donne sur les fossez.

L'une dépofe que fa Maîtreſſe donna le dernier coup avec une baïonnette : l'autre que c'étoit d'un coup de fabre, & dans une déclaration qu'on éxiga de Marguerite Mercier, ſous prétexte de Maladie par maniere de teſtament de mort, elle avance que ce fut le Prieur qui donna le dernier coup. De ſemblables dépoſitions ne portent-elles pas viſiblement le caractere du menſonge ? & ne voit-on pas qu'elles ont été ſuggerées.

Pour en être entierement convaincu, il ne faut qu'y joindre les abſurditez qui en reſultent.

Abſurditez qui réſultent des Dépoſitions.

Elles font connoître l'impoſſibilité dans l'execution du prétendu aſſaſſinat.

Art. 3. & 4. du 3. Interrogatoire.

Catherine le Moine dépoſe, qu'étant décenduë dans la cour, la Dame de la Pivardiere trouva le cuiſinier & le valet du Prieur de Mizeré, & dit allez un par le foſſé & l'autre entrez par la chambre, & envoya la répondante chercher des œufs pour faire manger auſdits hommes, elle en alla querir chez François Hibert Métayer de la grande Métayrie, elle apporta des œufs au Château où elle trouva qu'on achevoit de poignarder le ſieur de la Pivardiere.

1. Réfléxion. *Elle trouva le Cuiſinier & le Valet,* toute l'Abbaïe de Mizeré eſt prête de dépoſer que les domeſtiques du Prieur ne ſortirent point de leur Maiſon.

2. Réfléxion. *Elle dit à l'un entrez par le foſſé & l'autre entrez par la chambre.* On ne croira pas qu'on ait donné ordre à un de ces deux valets d'entrer par la fenêtre, pendant que la porte de la chambre étoit ouverte.

3. Réfléxion. *Et envoya la Répondante chercher des œufs, elle en alla querir chez Hibert.* On craint cette ſervante, on ne veut pas qu'elle ſoit preſente, & on donne devant elle les ordres pour l'execution de cet aſſaſſinat : Se perſuadera-t'on que la Dame de la Pivardiere eut envoyé entre onze heures & minuit une ſervante pour acheter des œufs, c'auroit été s'expoſer à donner occaſion à cette ſervante d'avertir dans les lieux circonvoiſins du meurtre qu'on exe-

cutoit à Nerbonne, de plus celui chez qui elle dit avoir
acheté des œufs le nie formellement.

Art. 4. du 3. Interrogatoire.

Elle dépofe que *la Dame de la Pivardiere dit aux deux
hommes prenez le corps avec fes habits & allez enterrer le tout
fans nommer le lieu, & le fortirent du Château, & aprés elle
envoya à la Répondante chez le nommé Pinceau, querir du
pain & trouva à fon retour les deux hommes qui mangeoient,
qu'aprés ils s'en allerent & qu'elle trouva le corps étendu fur
la paillaffe couvert d'un drap & l'autre deffous.*

La lecture de cette dépofition fuffit pour en prouver la
fauffeté & pour en découvrir les contradictions qui s'y
rencontrent.

Il n'y a pas moins d'abfurdité dans tout ce que dépofe Marguerite Mercier.

Art. 15. du 1. Interrogatoire.

Dépofe *que lefdits deux hommes, ladite Dame, & elle
Répondante entrez dans ladite Chambre, le Cuifinier du Prieur
de Mizeré fut au lit pour voir s'il dormoit, lequel l'ayant
trouvé tout endormi, le découvrit & leva le rideau du côté
de la cheminée, monta fur un petit efcabeau qu'il porta au côté du lit dont il avoit levé le rideau, & lui donna un coup
de fuzil dans le côté droit, duquel coup le fieur de la Pivardiere étant levé du lit, auroit dit à fa femme, petite femme
donnez-moi la vie, donnez-moi la vie, prenez tout mon or
& mon argent, laquelle lui dit, non, non, il n'y a point de
vie pour vous. Ce fait, fe jetterent tous trois fur lui & le
mirent fur le lit, ayant ôté la coüette, le matelas, le chevet,
couverture & les draps & lui donnerent trois ou quatre coups
de fabre dans le côté gauche, & voyant ladite Dame qu'il
groüilloit encore, elle prit elle-même le fabre & lui en foura
dans le côté gauche, dont elle l'acheva, ce que voyant ladite
Répondante cria au meurtre, & ladite Dame pour l'empêcher
de crier, dit aufdits deux hommes, mettez-lui une ferviette dans
la bouche pour l'empêcher de crier, à quoi lefdits deux hommes répondirent, qu'il n'étoit pas befoin de lui mettre des fer-
viettes dans la bouche de crainte de la faire mourir, voyant
qu'elle n'avoit pas beaucoup de fanté.*

1. Réfléxion. On veut furprendre le fieur de la Pivardiere pendant qu'il eft endormi, & on fait faire aux affaffins toutes les démarches neceffaires pour l'éveiller.

2. Réfléxion. Les paroles qu'elle met dans la bouche du fieur de la Pivardiere font entierement contraires à celles d'un homme qui vient de recevoir un coup de fuzil. *Petite femme, prenez tout mon or & mon argent, donnez moi la vie.* On ne voit dans ce difcours que le caractere d'une fervante & non pas de celui d'un homme bleffé.

3. Réfléxion. Ces affaffins fi cruels viennent de tuër un homme à coups de fabre, leurs mains encore fanglantes ne femblent refpirer que le fang, ils craignent de bleffer cette fervante, lorfque par fes cris elle s'efforce de reveler leur crime, ils n'ont ny reffentiment ny emportement contre elle, la pitié & l'humanité les défarme en fa faveur, quelque intereft qu'ils ayent de la perdre, quelque danger qu'il y ait de la conferver dans une pareille conjoncture : y a t'il la moindre vrai femblance dans toute cette hiftoire ?

Mais à quoi fert de s'étendre davantage fur l'abfurdité de ces faits, puifqu'elles fe font retractées à la confrontation, elles ont reconnu elles-mêmes leurs menfonges, leurs injuftices & leurs calomnies, & comme entraînées malgré elles à reconnoître la verité, elles ont preferé cette verité au foins mêmes de conferver leur propre vie, malgré tous les efforts qu'a fait Me. Bonnet pour les intimider.

Confrontation de Catherine le Moine au Prieur de Mizeré.

Art. 4.

Interpellée de dire fi quelqu'un l'a follicitée à dépofer. A répondu que c'eft nous qui l'ont menacée.

Art. 17.

Ladite le Moine nous a interrompu, pour nous dire que nous voulions la faire couper, & qu'elle nous connoiffoit bien.

Art. 19.

Art. 19.

A dit que le 2. Interrogatoire ne contient pas verité.

Art. 29.

A dit, que l'Article dans lequel elle a répondu qu'elle avoit veu dans la cave les draps ôtez du lit tout plein de sang, a dit que cet Article ne contient pas verité,

Art. 52.

A dit que le 1. Interrogatoire est veritable, que le 3. ne l'est pas, & en ce disant, elle a fait des exclamations, mon Dieu, sainte Vierge, soulagez moi, je suis bien miserable.

Art. 55. Art. 58.

A dit que nous l'avons mal menée, que nos menaces avoient été faites en presence de nôtre Greffier nommé Beaujeu.

Art. 62.

A dit que son Maître étoit vivant, qu'elle est bien fâchée de ne l'avoir pas reconnu.

Art. 102.

A dit qu'il est vray que ladite Dame se retira trois semaines après la Nôtre-Dame d'Aoust ; mais qu'il n'y a pas eu d'assassinat.

Art. 116.

Luy avons representé que suivant l'Ordonnance les témoins qui se retractent aprés le recollement, doivent être poursuivis comme faux témoins. A répondu qu'elle nous a dit la verité, & a ajouté, le bon Dieu voit bien, vous me voulez faire dire plus que je ne sçay.

Cette même remontrance avoit été faite dix fois dans cette même confrôtation, ce qui prouve l'affectatiô du Juge.

Art. 129.

Luy avons fait les mêmes remontrances que dessus, a dit si le bon Dieu est bon Dieu il y mettra sa sainte main.

Art. 150.

Luy avons derechef fait les mêmes remontrances, a répondu qu'elle ne demande autre chose au bon Dieu, sinon, qu'il fsse d'elle ce qu'il luy plaira & a jetté un grand soupir, a dit qu'elle ne soupiroit pas, & a dit je ris de ce que vous faites écrire, qu'elle sçait que le sieur de la Pivardiere est venu, quelle l'auroit reconnu si on ne l'avoit menacée, & que comme elle 'esprit on la mene comme on veut.

C

Confrontation de Marguerite Mercier.

6. Mars
1698.

Art. 3.

Art. 10. idem. *Interpellée de dire si quelqu'un l'a menacée, a répondu que non ; mais que la peur dont elle a été saisie se voyant en prison, lui a fait dire plusieurs choses.*

Art. 8.

Les Interrogatoires qu'elle dit être faux, contiennent les mêmes faits que le 1. par conséquēt elle se retracte du 1. *A dit que le 1. interrogatoire contient verité, & qu'elle a dit par crainte & par peur ce qui est contenu aux interrogatoires subséquens*

Dans les Art. 11. 12. 13. & suivans.

Elle convient que ce qu'elle a dit lors de sa maladie est entierement faux, *qu'elle ne se souvenoit point d'avoir fait aucune declaration au sieur Dubois, son Confesseur. Et étant interrogée sur cette declaration a dit, la grande pitié, mon Dieu, pour une fille qui ne sçait pas les affaires, & que si elle a dit quelque chose c'est la peur qui lui a fait dire.*

Art. xi. tit. 15. Ord. 1667. On ne peut disconvenir que Catherine le Moine & Marguerite Mercier doivent être poursuivies comme faux témoins, puisqu'après le recollement elles ont retracté leurs dépofitions, & les ont changé dans des circonstances essentielles.

La preuve de la mort du sieur de la Pivardiere qui resultoit de leurs dépofitions est annéantie par leur confrontation. Aprés cela que la calomnie se donne tant de licence qu'il lui plaira ; elle sera toûjours connuë pour calomnie, la verité porte un caractere qui la rend inviolable malgré tous les efforts qu'on fait pour l'accabler.

On a répondu aux présomptions de ce prétendu assassinat dans le recit du fait, ainsi on ne repetera rien en cet endroit.

Art. 21. tit. 15 Ord. 1667. A l'égard de la declaration donnée aprés la confrontation par Catherine le Moine & Marguerite Mercier, elle ne peut servir qu'à établir la prévarication de Me. Bonnet, puisque cette declaration est nulle aux termes de l'Ordonnance, & qu'il est défendu aux Juges d'y avoir aucun égard. Il y a une amende de 400. livres prononcée contre le témoin qui la donne , & contre celui qui la produit.

Ainſi il faut convenir qu'il n'y a point de preuve de la mott du ſieur de la Pivardiere.

Il faut preſentement rapporter les preuves de ſa vie & de ſon exiſtence.

II. PROPOSITION.

Il y a des preuves convainquantes de l'exiſtence du ſieur de la Pivardiere.

On rapporte trois ſortes de preuves differentes, pour établir l'exiſtence du ſieur de la Pivardiere.

La 1. réſulte des Actes autentiques ſignez de ſa main depuis le 16. Aouſt dernier, jour du prétendu aſſaſſinat. Il y a un Acte d'exiſtence paſſé devant deux Notaires, & legaliſé. Il y a une Procuration, & tous les differens procés verbaux dans leſquels il a ſigné.

Tous ces Actes font une preuve legitime & déciſive de l'exiſtence de celui qui les a ſignez, rien ne peut balancer ny détruire cette preuve, ſi ce n'eſt l'inſcription en faux. Elle n'a pas été formée, parce qu'on eſt perſuadé que le ſuccés n'en ſeroit pas favorable.

Le Sieur de la Pivardiere demande la verification.

La 2. preuve réſulte du témoignage de ceux qui ont été entendus à Auxerre ſur l'exiſtence du ſieur de la Pivardiere.

La 3. preuve eſt appuyée ſur les Procés verbaux de reconnoiſſance faits par le Lieutenant General de Romorantin dans tous les lieux circonvoiſins de Nerbonne, ils ont été expliquez dans le fait, on peut y avoir recours.

Enfin il y a une 4. preuve qui réſulte des interrogatoire ſubis en la Cour par le Lieutenant General de Romorantin & le ſieur de Lambre Prevôt de Châtillon. Le 1. dépoſe qu'il a *une parfaite connoiſſance par lui-même que celui qui s'eſt repreſenté eſt le veritable Louis de la Pivardiere & non pas un homme ſuppoſé, & qu'il a été confirmé par la reconnoiſſance generale de tous ceux qui le venoient voir &*

Art. 12. de ſon Interrogatoire.

C ij

le reconnoître par tout les lieux où il paſſa.

Le 2. a declaré qu'il avoit oüi dire à plus de deux cent perſonnes d'honneur & dignes de foy, que c'étoit le veritable de la Pivardiere, & entre autres au ſieur de la Pivardiere ſon frere, ſa belle ſœur & ſes enfans, au Prieur de Jeu & à ſes ſœurs.

On peut ajoûter à toutes ces preuves une préſomption bien forte de la verité de l'éxiſtence du ſieur de la Pivardiere, qui eſt la confiance de ſa femme. Elle eſt venuë volontairement s'expoſer à toute la rigueur des derniers ſupplices, au cas qu'elle ne prouve pas cette éxiſtence.

Autant qu'on prétend doit tirer avantage de l'abſence de la Dame de la Pivardiere autant doit-on ſe prévaloir de ſa préſence.

Tant qu'elle ne s'eſt pas preſentée, en vain diſoit-on que pour fuir on n'en étoit pas plus coupable, que l'innocence pour être timide n'en devoit pas être plus ſuſpecte, que le temps faiſoit toujours découvrir la verité, qu'enfin ce n'étoit que par la crainte de tomber entre les mains d'un Juge qui n'agiſſoit que par paſſion & par emportement, & qui s'étoit même dépoüillé du caractere de Juge, pour prendre celuy de Partie, qu'elle n'avoit pas oſé ſe preſenter. Il étoit permis à tout le monde de donner à cette abſence tels motifs qu'on vouloit, & de l'attribuer même à la certitude du crime ; mais lorſqu'on voit aujourd'huy qu'auſſi-tôt que le temple veritable de la Juſtice luy eſt ouvert, elle vient s'y jetter comme dans un azile que ſes ennemis ſont forcez de reſpecter. Lorſqu'on voit que ces lieux ſi terribles deſtinez pour la garde des criminels n'ont rien qui l'effraïe, n'eſt-on pas convaincu que ſa ſeule innocence fait tout ſon intrepidité ? Et en effet ce n'eſt point par une confiance aveugle, ce n'eſt point ſur l'obſcurité & ſur la fauſſeté des dépoſitions, ce n'eſt point ſur le défaut des preuves de la mort du ſieur de la Pivardiere qu'elle a fait une démarche ſi importante. Si on a pû corrompre des témoins pour dépoſer des faits abſurdes remplis de fauſſetez & de contradictions. Ne pourroit-on pas en trouver dans la ſuite à qui l'on feroit dé-

poſer des faits qui auroient peut-être plus de vrai-ſem-
blance.

Elle n'ignore pas que deux témoins ſeuls, peuvent confondre l'homme le plus innocent & le convaincre du crime le plus ſuppoſé ; Mais elle ſçait que la verité de l'é-
xiſtence du ſieur de la Pivardiere eſt de ces veritez triom-
phantes, qui s'éclairciſſent à meſure qu'on veut les ob-
ſcurcir, qui ne peuvent que ſe fortifier de jour en jour &
dont les preuves ne peuvent jamais recevoir d'atteinte.

Il faut répondre preſentement aux Objections que l'on
fait contre ces preuves. Il ſera tres-facile de faire voir que les
Objections ſont tres-foibles & tres-legeres.

I. OBJECTION.

*Celuy dont on prouve l'éxiſtence eſt un Louis du Bouchet
Huiſſier d'Auxerre, mari d'une nommée Pillard. Quelle dif-
ference entre un Huiſſier d'Auxerre & un Gentilhomme tel
que le ſieur de la Pivardiere ? Ne voit-on pas que c'eſt un
impoſteur qui prête ſon nom ? & le Procés verbal fait à Auxerre
n'en eſt t'il pas un preuve convainquante.*

REPONSE.

Les faits d'éxiſtence du ſieur de la Pivardiere ſont tellement liez enſemble, ſont tellement ſuivis, qu'il eſt im-
poſſible de n'être pas convaincu que ce Louis du Bouchet
qu'on trouve à Auxerre, ne ſoit le veritable de la Pivardiere
qu'on diſoit aſſaſſiné.

On commence à le ſuivre dés qu'il eſt ſorti de Nerbonne, on prétend qu'il eſt aſſaſſiné la nuit du 15. au 16. du
mois d'Aouſt dernier, & on a des preuves que le 16. il a
paſſé au Bourdieux, qui n'eſt qu'à deux lieües de Nerbonne, le 17. à Iſſoudun, le 18. & 19. à Châteauronx. On
le ſuit juſqu'à Auxerre, trente témoins dépoſent de l'éxiſtence d'un homme qui eſt revenu au mois d'Aouſt d'un
voyage qui depuis deux ans ſeulement eſt établi à Auxerre, qui s'appelle Louis du Bouchet. Celuy qu'on cherche

eſt un homme qui a fait un voyage au mois d'Aouſt, qui a quitté le ſervice depuis deux ans, il s'appelle Louis de la Pivardiere du Bouchet, il ſupprime le nom de la Pivardiere, on ne le reconnoît pas moins ſous le nom de Louis du Bouchet.

A la verité on dit qu'il fait les fonctions d'Huiſſier & qu'il eſt marié à la nommée Pillard. Cela fait voir qu'on ne cherchoit point à trahir la verité dans ce Procés verbal, & que l'on n'a point corrompû les témoins. Il n'eut pas été naturel de traveſtir le ſieur de la Pivardiere ſous la figure d'un Huiſſier d'Auxerre, ainſi point d'affectation dans le Procés verbal, & point de préſomption de fraude & d'artifice dans la conduite de ceux qui ont été à Auxerre pour le découvrir.

Bien loin qu'on puiſſe dire que ce Louis du Bouchet ſoit un homme qui veüille prêter ſon nom & ſon corps pour repreſenter un homme aſſaſſiné. Il fuit devant ceux qui le cherchent, on le pourſuit juſqu'à Flavigny, auſſi-tôt qu'on lui parle il donne un acte d'exiſtence ſigné de ſa main, auroit-il appris ſi promptement à contrefaire la ſignature du veritable de la Pivardiere ? Il écrit des lettres à ſa femme, il en écrit à ſon frere, ce frere quoique prévenu de l'aſſaſſinat, reconnoît auſſi-tôt la main de celui qui écrit, convaincu que c'eſt l'écriture de ſon frere il publie par tout qu'il en a eu des nouvelles. Ce même homme vient lui-même dans la Province, & ſe preſente publiquement pendant trois ſemaines dans tous les lieux où ſon impoſture auroit été mille fois confonduë, chacun donne ſes ſuffrages pour le reconnoître & perſonne, ſi ce n'eſt Me. Bonnet, n'entreprend de déſavoüer qu'il ſoit le veritable de la Pivardiere.

Peut-on préſumer que tant de circonſtances ſe puiſſent réünir pour favoriſer une impoſture ? qu'on trouve tout à propos un homme qui s'appelle Louis du Bouchet, qui n'eſt étably que depuis deux ans à Auxerre, dont l'origine n'eſt point connuë, un homme aſſez hardy pour s'expoſer aux yeux de toute une Province & ſoutenir qu'il eſt celui qu'on avoit dit aſſaſſiné : reſſemblance dans l'écriture, reſſemblance dans le viſage, qui ſéduit & qui trompe plus de huit cens perſonnes.

Cela peut-il entrer dans l'imagination ? L'eſprit le plus prévenu ſe pourroit-il former une ſemblable idée ? C'eſt neanmoins ce qu'il faut ſuppoſer pour croire que celuy qui intervient aujourd'huy ſoit un impoſteur.

Qu'on parcoure toutes les Hiſtoires des impoſteurs, en trouvera-t-on une ſeule qui ſoit dans les circonſtances où le ſieur de la Pivardiere ſe rencontre.

On trouve bien qu'il y a eu des hommes aſſez hardis, pour entreprendre de tromper le public & la famille dans laquelle ils vouloient entrer.

Mais dans quelles conjonctures l'ont-il fait ? c'étoit lorſqu'on ne ſe doutoit point de la mort de celuy dont ils vouloient uſurper le nom & la qualité. C'étoit lorſqu'aprés une longue abſence ils pouvoient faire croire que les fatigues, que l'âge avoient changé les traits de ceux qu'ils vouloient contrefaire.

C'eſt à la faveur de ſemblables circonſtances que le nommé du Thil ſurprit la femme du veritable Martinguerre, & luy perſuada qu'il étoit ſon mary.

Le veritable Martinguerre revint bien ſurpris de trouver un autre Martinguerre en poſſeſſion de ſes biens & de ſa femme ; Il ſe plaignit de l'impoſture, elle fut découverte, elle fut punie, & la punition eſt un exemple de la ſeverité des peines attachées au crime d'impoſture.

Le faux Martinguerre avoit trouvé d'heureuſes circonſtances. Une femme qui depuis dix ans n'a point veu ſon mary, qui retrouve un homme qui ſe preſente à elle, & qui a quelque reſſemblance, ne reſiſte pas volontiers à le reconnoître. La rareté d'une telle fiction ne luy permet pas d'avoir la moindre défiance. Sa bonne foy ne ſouffre aucune atteinte, ſon erreur eſt excuſable. Le veritable Martinguerre abſent eſt le ſeul à qui on peut l'imputer, ainſi tout favoriſoit l'impoſteur, & rien ne s'oppoſoit au ſuccés de ſon impoſture.

Mais dans quelles circonſtances ſe trouve ce Loüis du Bouchet lorſqu'il entreprend de ſe dire Louis de la Pivardiere du Bouchet.

C'eft lorfqu'il ne peut douter qu'il fera fufpect à toutes les perfonnes devant qui il fe prefentera, qu'on le re-
gardera comme un phantôme comme un fpectre, & qu'a-
vant de le reconnoître chacun s'appliquera avec toute l'attention poffible, pour difcerner s'il eft le faux ou le veritable de la Pivardiere.

Qui feroit l'homme affez hardi, affez téméraire, pour entreprendre de foûtenir le perfonnage d'un homme prétendu affaffiné ? s'il n'étoit en même temps pénetré de toute
cette feureté qu'il ne peut jamais attendre que de la feule
conviction de fa propre éxiftence, ou pour mieux dire,
de la certitude & de la verité de fon état.

II. OBJECTION.

Si l'impofteur a été affez hardi pour paroître, ce n'a été
que parce qu'on l'avoit affuré qu'il y avoit une caballe toute
formée pour le reconnoître, & qu'il feroit appuyé de la prote-
ction du Lieutenant General de Romorantin.

RÉPONSE.

Quelques efforts que l'on faffe on ne perfuadera jamais
que tant de perfonnes de diftinction qui ont dépofé, que
des Gentilshommes, que des Ecclefiaftiques, que des Religieufes, qu'un Juge diftingué par fa candeur & fa probi-
té, en un mot que tant de perfonnes differentes par une
complaifance injufte, par de vaines confiderations, euffent
voulu trahir la verité & favorifer l'impofture, pour ouvrir
une voïe à l'impunité d'un crime, dont l'horreur en fait
fouhaiter naturellement la vengeance.

S'il n'y avoit que des Blâtiers, des Journaliers, des com-
pagnons Maçons, tels que ceux entendus dans les Informations faites par les Parties adverfes : la fuggeftion, la
fubornation auroit pû facilement fe préfumer.

Mais on ne s'eft point adreffé à des perfonnes que la
foibleffe & la pauvreté auroient pû foumettre aveuglement
au pouvoir d'un Juge. Ce font toutes perfonnes capables
de

de refifter & de fe défendre, qui parlent d'une maniere fi certaine & fi décifive, que l'on voit qu'ils ne fe déterminent que fur leur propre connoiffance.

On ne propofe pas un feul reproche contre ces témoins. Que peut-on dire du témoignage du Curé de Lucé, qui dépofe connoître le fieur de la Pivardiere depuis plus de dix ans ? Qu'oppofe-t'on au témoignage du Curé de Jeumaloches propre Curé du fieur de la Pivardiere, qui déclare le connoître pour luy avoir adminiftré les Sacremens. S'eft-il laiffé corrompre, luy qui avoit un interreft fi fenfible à découvrir la fraude & l'impofture, pour foutenir la validité du Dévolut qu'il avoit jetté fur le Benefice du Prieur de Mizeré.

Enfin croira-t'on qu'on ait pû faire parler tout un Convent de Religieufes contre leur propre connoiffance, & que pour le faire croire on n'ait qu'à dire feulement *qu'un Directeur aura pû facilement les engager à reconnoître l'impofteur, qu'on fçait la foumiffion que les Religieufes ont coutume d'avoir aux volontez de ces fortes de perfonnes.* Et qu'il fuffit d'avancer qu'elles ont écrit à une perfonne de Paris qu'on ne nomme pas, qu'elles ne prennent aucun party dans cette reconnoiffance ; de femblables faits avancez fans preuve, ne donneront pas atteinte à une declaration auffi forte & auffi legitime que la leur. Mais enfin qu'oppofe-t'on pour contrebalancer le témoignage de toute une famille, les fuffrages de toute une Province ?

On n'oppofe que des témoins qui parlent par oüy dire, on n'oppofe que les dépofitions de deux fervantes, dépofitions anneanties par la retractation faite lors de la confrontation. Voila quelles font les preuves de la mort du veritable de la Pivardiere & celles qu'on avance pour prouver qu'il eft un impofteur.

A l'égard de la conduite du Lieutenant General de Romorantin on ne peut l'attaquer : L'Arreft de la Cour qui l'a renvoïé dans les fonctions de fa Charge a préjugé fon innocence.

Le nommé Hibert n'a jamais dépofé qu'il eût enfoncé la porte de la Planchette pour venir au fecours du Sr. de la Pivardiere, il y a feulement des témoins qui depofent l'avoir entendu dire. Et l'on a foutenu à l'audience qu'il l'avoit dépofé. On a crû cette depofition néceffaire pour foutenir celle des fervantes.

D

III. OBJECTION.

Les contradictions qui se rencontrent dans les démarches qu'on fait faire au faux de la Pivardiere prouvent son imposture. Si l'on croit ses Lettres il est à Metz. Si l'on croit son acte d'éxistence il est à Flavigny en Bourgogne & cela dans le même tems. Si l'on croit ses Lettres il est encore à l'armée & par les Procés verbaux il paroît qu'il est Huissier d'Auxerre. Comment peut-on concilier de si grandes contradictions ?

RÉPONSE.

Toutes ces contradictions se peuvent concilier aisément, les démarches que l'on attribuë au sieur de la Pivardiere font connoître qu'on ne cherche point à déguiser son état. On ne s'est servy d'aucun artifice pour supprimer une partie des faits qui pouvoient luy être désavantageux ; parce que se trouvant réünis ils contribuent parfaitement à établir la verité de son éxistence, & à faire découvrir les veritables raisons qui l'obligent d'être absent.

Il est obligé d'avoüer la faute qu'il a commise, il ne peut plus la dissimuler. Elle a été revelée à la Cour, on a rapporté l'Acte de celebration de son Mariage à Auxerre avec la nommée Pillard. Cet Acte de celebration est signé de sa main, il ne peut le désavoüer. Ce second engagement fait tout son crime, ce second engagement fait toute sa crainte, c'est la seule cause de son absence. Il souhaiteroit pouvoir venir en personne défendre sa femme : mais en même temps sa propre seureté luy paroît préférable à toutes choses.

Ce deuxiéme Mariage avec la Pillard qui est constant & qui ne l'est que trop pour le malheur du sieur de la Pivardiere, est pour ainsi dire, le dénouëment de toute cette affaire, & conduit naturellement à expliquer toutes les contradictions qu'on prétend trouver dans sa conduite & dans ses démarches.

Pendant qu'il étoit à Auxerre il vouloit persuader à la

Dame fa femme qu'il étoit à Metz , & c'eſt là la cauſe pour laquelle il dattoit ſes Lettres de Metz , quoy qu'en effet il n'y fût pas, pour faire croire qu'il étoit à l'armée.

Voilà où ſe réduit cette grande contradiction qui s'explique & qui ſe concilie d'elle-même.

Qu'un Gentilhomme ruîné ſe faſſe Sergent, il n'y a rien en cela de fort extraordinaire ; qu'un homme engagé dans un deuxiéme Mariage du vivant d'une premiere femme ait déguiſé ſon état, ait ſupprimé une partie de ſon nom pour tenir ſon crime plus caché , cela ſe voit tous les jours.

Ainſi il faut convenir qu'il n'y a rien d'inconcevable dans tous les faits d'éxiſtence du ſieur de la Pivardiére, & qu'au contraire pour préſumer l'impoſture, on le repete encore , il faudroit ſuppoſer l'hiſtoire du monde la plus inconcevable. Sçavoir qu'un homme eût voulu s'avoüer pour le mary de la Dame Chauvelin dans le même tems qu'il eſt mary de la nommée Pillard. Qu'un homme eût été aſſez hardi pour ſe mettre à la place d'un autre homme qu'on diſoit aſſaſſiné. Enfin qu'on eût rencontré un homme ſemblable au veritable de la Pivardiére comme les Parties adverſes l'ont avoüé, qui s'appelle Louïs du Bouchet qui ſont les deux noms du ſieur de la Pivardiere, que ce même homme eût voulu pour l'intereſt des accuſez s'expoſer à ſe perdre pouvant être pourſuivi ou comme bigame ou comme impoſteur, que toute une Province ſe ſoit réunie pour favoriſer l'impoſture. C'eſt ce qui ne pourra jamais entrer dans l'eſprit de perſonne, quelques efforts que les Parties adverſes puiſſent faire pour le perſuader.

IV. OBJECTION.

Toutes les preuves de l'éxiſtence du faux de la Pivardiere ſont fondées ſur des procedures nulles & dont Monſieur le Procureur General a interjetté appel.

REPONSE.

Il est vray que l'appel des Procedures faites par le Lieutenant General de Romorantin est interjetté par Monsieur le Procureur General. Cela seul en toute autre occasion suffiroit pour imposer silence, & bien loin d'oser proposer des moyens contre cet appel, au seul nom de Monsieur le Procureur General on en reconnoîtroit la régularité.

Mais on sçait que s'il a interjetté cet appel, ce n'a été que sur le faux exposé des Parties adverses. Et leur qualité de Juges a deu avec raison prévenir contre les accusez, tant que les Moyens du fonds n'ont pas été connus. A present qu'ils le font, on espere que M. le Procureur General consentira que l'appel qu'il a interjetté seulement pour la forme, soit mis au néant.

Premierement, parce que ces Procedures ont été faites en execution d'un Arrest de la Cour rendu sur les Conclusions de Monsieur le Procureur General, ce qui produit une fin de non recevoir contre l'appel.

Secondement, il n'y a aucune disposition de l'Ordonnance sur le fondement de laquelle on puisse attaquer cette procedure.

Car on n'est point icy dans le cas où l'on puisse appliquer les dispositions de l'Ordonnance touchant les faits justificatifs, l'éxistence du sieur de la Pivardiere, à la verité par rapport aux accusez, est un fait justificatif: mais par rapport au sieur de la Pivardiere même, ce n'est qu'un fait simple dont la preuve n'est point astrainte aux regles des Procedures criminelles. Il ne peut prendre des voïes trop promptes pour parvenir à la justification de sa femme, il est en droit, pour ainsi dire, de la revendiquer des mains de la Justice, & de dire vous accusez ma femme de m'avoir assassiné, je suis vivant, toute la Province, toute ma famille me reconnoît pour son mary. Le fait de mon éxistence étant certain, il faut que toute l'instruction cesse. Il faut qu'on me rende mes meubles saisis ; qu'on fasse cesser tout le trouble qu'on met dans ma famille, puifqu'il ne s'agit que de venger ma mort & qu'on voit clairement que je fuis en vie.

Tel eft le difcours que le fieur de la Pivardiere eft en droit de tenir aujourd'huy, & à l'égard de la procedure, c'eft de faire faire un Procés verbal de fon éxiftence dans lequel il figne luy-même. Il n'y a rien en cela que de re-gulier, & que de conforme aux difpofitions de l'Ordon-nance.

Et en effet il n'a point été intimé fur l'Appel interjetté par Monfieur le Procureur General. Ce n'eft que par rap-port aux Procedures faites à la requête de la Dame de la Pivardiere que l'Appel a été interjetté, celuy qui eft char-gé de fa défenfe fçaura bien prouver par des moïens fo-lides, que ces procedures font tres legitimes. Mais quand elles feroient annéanties en conféquence de l'Appel, el-les fubfifteroient toujours par rapport au fieur de la Pivar-diere, cequi fuffit pour établir la preuve de fon éxiften-ce, qui étant conftante le met en droit d'agir & de pouvoir former une demande, afin de dommages & interefts contre ceux qui font les Auteurs d'une accufation fi calomnieufe. On va faire voir qu'il n'y a que les Parties adverfes qui puif-fent être accufez de cette calomnie. C'eft par cette der-niere propofition que l'on finit. On a crû que l'on pou-voit fe difpenfer de répondre à une infinité d'autres cir-conftances qui ont été avancées fans preuve & qui ont recemment été refutées dans les dernieres Audiences.

A l'égard des moïens de prife à partie ils ne regar-dent point le fieur de la Pivardiere.

DERNIERE PROPOSITION.

Maître Bonnet & Maître Morin font les feuls Auteurs de la calom-nie & doivent être condamnez en des dommages & in-terefts tres - confiderables.

Une accufation auffi importante & par la qualité des Parties & par la qualité du crime qu'on leur imputoit, ne devoit jamais avoir pour fondement un bruit auffi vague, aussi incertain, aussi remply de suppositions visibles que ce-luy qui est énoncé dans la plainte de M. Morin & qui résulte de l'Information qui a été faite. Il n'y a que la passion qui a pû faire agir leur zele, il n'y a que la pas-sion qui les a prévenu & qui leur a fait trouver dans les circonstances les plus indifférentes, les présomptions du crime le plus horrible & le plus énorme.

Ils ne pouvoient, ont-ils dit, differer leur pourfuite sans donner occasion d'être accusez de negligence.

Ils préviennent & Dénonciateur & Partie Civile, ils préviennent le Juge naturel, ils fortent de leur Reffort pour faire la pourfuite d'un crime, & ils veulent persuader que c'est la crainte d'être accusez de negligence qui les a fait agir. Mais s'il étoient si délicats sur leur reputation ne devoient-ils pas craindre au contraire qu'étant actuelle-ment en procés avec le frere d'un des accusez, on impu-tât la précipitation de leurs pourfuites à la passion & au desir de se venger de leurs anciennes inimitiez. Croyent-ils que la qualité de Juges Roïaux suffit pour les mettre en droit d'être Inquisiteurs dans toute la Province, de por-ter le trouble dans toutes les familles, & de persecuter l'innocence sur le premier bruit qui courera, & cela par une fausse délicatesse sur leur réputation. Ce prétexte a-t'il seulement la moindre vrai-semblance ? Et pourra-t'il faire la moindre impression dans l'esprit même de ceux qui seront le plus prévenus pour peu qu'on fasse de reflexion sur la conduite qu'ils ont tenuë dans toute l'instruction du Procés. Me. Bonnet choisit pour témoins toutes person-nes, viles, abjectes, réduites à la mendicité qui ne sçavent ny lire ny écrire.

Il coupe les dépofitions des témoins par des interpella-tions faites à contre-tems, pour instruire les témoins des faits dont il souhaite qu'ils dépofent.

Il refuse de recevoir les dépofitions en entier aussi-tôt qu'il se rencontre des faits qui font à la décharge des ac-cufez.

Il y a des témoins qui ont dépofé qu'on avoit refufé de recevoir leur dépofition, parce qu'ils dépofoient de l'éxistence du fieur de la Pivardiere.

Il intimide les deux fervantes pour les obliger à dépofer des faits de l'affaffinat , & continuë de les intimider
lors de la confrontation pour empêcher qu'elles ne fe retractent.

Il les oblige de donner des déclarations contraires aprés
cette confrontation. C'eſt une contravention à l'Ordonnance que de les recevoir.

Il refuſe d'accorder le renvoy pardevant le Juge naturel
lorſqu'il eſt demandé. Il refuſe de faire les interpella-
tions requiſes ſur des faits eſſentiels & qui tendent à découvrir la fauſſeté des dépoſitions quoique l'Ordonnance
luy enjoigne.

Aprés cela qu'on s'efforce tant qu'on voudra pour juſti-
fier les démarches & les procedures de ce Juge. Quelques
efforts que l'on faſſe on ne peut jamais empêcher qu'on
n'en découvre le premier mobile, qui eſt la haine & l'inimitié contre le Prieur de Mizeré.

On ne peut jamais détruire ce qui a été écrit dans la
confrontation de la violence qu'il a faite aux ſervantes, pour
les obliger à dire plus qu'elles ne ſçavoient.

Quand on réünit cette circonſtance avec toutes les autres. Quand on rappelle tout ce qu'il a fait plaider contre la Dame de la Pivardiere, contre le ſieur de la Pivardiere & contre le Prieur de Mizeré. Quand on voit tous
les mouvemens qu'il ſe donne pour continuer l'inſtruction
du Procés. La crainte qu'il a que les témoins ne dépoſent
devant d'autres Juges , de tous les artifices qu'il a mis en
uſage pour les ſéduire, pour les corrompre & pour les ſu-
borner. A-t'on beſoin de chercher d'autres preuves pour le
convaincre, qu'il eſt le principal Auteur de toute cette calomnie ? ſon crime n'eſt-il pas dans toute ſon évidence , & la
Cour n'eſt-elle pas en état de prononcer les peines qui ſont
dûës à un crime ſi énorme dans la perſonne d'un Juge ?

Aprés tant de prévarications commiſes, comment oſe-t'il
ſe preſenter pour demander que l'inſtruction luy ſoit ren-
voyée juſqu'au jugement diffinitif : lorſqu'il devroit ſeulement reconnoître ſon erreur , lorſqu'il devroit avoüer de
bonne foy que la paſſion l'avoit aveuglé & l'avoit prévenu.

En vain veut-il se flatter d'avoir soulevé contre les accusez tout ce qu'il y a de plus puissant dans l'ordre de la Justice.

L'innocence n'a jamais eu rien à craindre de ceux qui par les augustes fonctions de leurs Charges sont appellez à la vindicte publique : quoique souvent cette innocence les ait eu pour Parties. La prévention ne peut rien sur leurs esprits & sur leurs décisions. Tenans un juste équilibre entre l'interest public & celuy des particuliers contre qui ils agissent, leur zele se renferme dans les bornes que l'observation la plus étroite des regles de la justice leur prescrit. Toujours protecteurs de l'innocence, toujours ennemis du mensonge & de la calomnie, jamais la verité ne s'altere dans leur bouche. Ils emploient toute leur attention à la découvrir, tout leur zele pour la faire connoître, & tous les ornemens que peut produire l'Art de la parole pour la faire triompher avec éclat. C'est ce qui donne lieu aux Accusez d'esperer que la severité des conclusions soutenuës & confirmées par l'autorité du Jugement qui interviendra, les vengera de tant d'injustes persecutions, & servira même dorenavant d'exemple aux Juges de Province pour les retenir dans les bornes de leur devoir, pour les obliger d'étouffer dans leur cœur les mouvemens de haine & de vengeance ; & pour leur apprendre qu'on ne peut entreprendre impunément de vouloir faire succomber l'innocence sous le poids du mensonge & de la calomnie.

M. DENYAU, Avocat.

Permis d'imprimer ce 9. *Juillet* 1698. DARGENSON.

À PARIS, Chez NICOLAS GOSSELIN, dans la grande Salle du Palais, à l'Envie. 1698.

www.ingramcontent.com/pod-product-compliance
Lightning Source LLC
Chambersburg PA
CBHW070739210326
41520CB00016B/4507